国学十三经　六

老子

孙子

庄子

内篇

线装书局

老子

道经

第一章

道，可道也，非恒道也；名，可名也，非恒名也。无，名万物之始也；有，名万物之母也。故恒无欲也，以观其眇；恒有欲也，以观其徼。两者同出，异名同谓。玄之又玄，众妙之门。

第二章

天下皆知美之为美，斯恶已；皆知善，斯不善已。有无之相生也，难易之相成也，长短之相形也，高下之相盈也，音声之相和也，先后之相随也。恒也。是以圣人居无为之事，行不言之教。万物作而弗始，为而弗恃也，成功而弗居也。夫唯弗居，是以弗去。

第三章

不尚贤，使民不争；不贵难得之货，使民不为盗；不见可欲，使民不乱。是以圣人之治也，虚其心，实其腹，弱其志，强其骨，恒使民无知无欲，使夫知不敢、弗为而已，则无不治矣。

国学十三经

卷 六

老子·道经

第四章

道冲，而用之又弗盈也。渊兮，似万物之宗。挫其锐，解其纷，和其光，同其尘，湛兮似或存。吾不知其谁之子也，象帝之先。

第五章

天地不仁，以万物为刍狗；圣人不仁，以百姓为刍狗。天地之间，其犹橐籥与？虚而不屈，动而愈出。多闻数穷，不若守于中。

第六章

谷神不死，是谓玄牝。玄牝之门，是谓天地之根。绵绵兮其若存，用之不勤。

第七章

天长地久。天地之所以能长且久者，以其不自生也，故能长生。是以圣人退其身而身先，外其身而身存。不以其无私与？故能成其私。

第八章

国学十三经

道德经
卷上

二六八

第一章

道可道，非常道；名可名，非常名。无名天地之始；有名万物之母。故常无欲，以观其妙；常有欲，以观其徼。此两者同出而异名，同谓之玄。玄之又玄，众妙之门。

第二章

天下皆知美之为美，斯恶已；皆知善之为善，斯不善已。故有无相生，难易相成，长短相形，高下相倾，音声相和，前后相随。是以圣人处无为之事，行不言之教。万物作焉而不辞，生而不有，为而不恃，功成而弗居。夫唯弗居，是以不去。

第三章

不尚贤，使民不争；不贵难得之货，使民不为盗；不见可欲，使民心不乱。是以圣人之治，虚其心，实其腹，弱其志，强其骨，常使民无知无欲。使夫智者不敢为也。为无为，则无不治。

第四章

道冲，而用之或不盈。渊兮，似万物之宗。挫其锐，解其纷，和其光，同其尘。湛兮，似或存。吾不知谁之子，象帝之先。

第五章

天地不仁，以万物为刍狗；圣人不仁，以百姓为刍狗。天地之间，其犹橐籥乎？虚而不屈，动而愈出。多言数穷，不如守中。

第六章

谷神不死，是谓玄牝。玄牝之门，是谓天地根。绵绵若存，用之不勤。

第七章

天长地久。天地所以能长且久者，以其不自生，故能长生。是以圣人后其身而身先，外其身而身存。非以其无私邪？故能成其私。

第八章

上善若水。水善利万物而不争，处众人之所恶，故几于道。

国学十三经

老子·道经　卷六

二六九

上善若水。水善利万物而不争，居众人之所恶，故几于道矣。居善地，心善渊，与善信，政善治，事善能，动善时。夫唯不争，故无尤。

第九章

持而盈之，不若其已；揣而锐之，不可长保；金玉盈室，莫之能守；富贵而骄，自遗咎也。功遂身退，天之道也。

第十章

载营魄抱一，能毋离乎？抟气致柔，能婴儿乎？涤除玄鉴，能毋疵乎？爱民治国，能毋以知乎？天门启阖，能为雌乎？明白四达，能无为乎？

第十一章

三十辐同一毂，当其无有，车之用也。埏埴而为器，当其无有，器之用也。凿户牖，当其无有，室之用也。故有之以为利，无之以为用。

第十二章

五色使人目盲，五音使人耳聋，五味使人口爽，驰骋田猎使人心发狂，难得之货使人行妨。是以圣人之治也，为腹不为目，故去彼取此。

第十三章

宠辱若惊，贵大患若身。何谓宠辱若惊？宠为上，辱为下。得之若惊，失之若惊，是谓宠辱若惊。何谓贵大患若身？吾所以有大患者，为吾有身也；及吾无身，吾有何患？故贵以身为天下，若可以托天下矣；爱以身为天下，如何以寄天下？

第十四章

视之而弗见名之曰微，听之而弗闻名之曰希，捪之而弗得名之曰夷。三者不可致计，故混而为一。一者，其上不皦，其下不昧，绳绳兮不可名也，复归于无物。是谓无状之状，无物之象，是谓惚恍。随而不见其后，迎而不见其首。执今之道，以御今之有，以知古始，是谓道纪。

第十五章

古之善为道者，微妙玄达，深不可识。夫唯不可识，故强为之容。曰：豫兮其若冬涉水，犹兮其若畏四邻，俨兮其若客，涣兮其若凌释，敦兮其若

国学十三经

卷 六

老子·道经

二七〇

朴，混兮其若浊，旷兮其若谷。浊而静之徐清，安以动之徐生。保此道者不欲盈。夫唯不欲盈，是以能敝而复成。

第十六章

致虚极，守静笃，万物并作，吾以观其复。夫物芸芸，各复归于其根。归根曰静，静曰复命。复命常也，知常明也。不知常，妄。妄作，凶。知常，容。容乃公，公乃全，全乃天，天乃道，道乃久，没身不殆。

第十七章

太上，下知有之；其次，亲誉之；其次，畏之；其次，侮之。信不足，安有不信。犹兮，其贵言也，功成事遂，而百姓谓我自然。

第十八章

故大道废，安有仁义；慧智出，安有大伪；六亲不和，安有孝慈；国家昏乱，安有贞臣。

第十九章

绝智弃辩，民利百倍；绝巧弃利，盗贼无有；绝伪弃虑，民复季子。此三言也，以为文未足，故令之有所属。见素抱朴，少私寡欲，绝学无忧。

第二十章

唯与呵，其相去几何？美与恶，其相去何若？人之所畏，亦不可以不畏人。望兮，其未央哉！众人熙熙，若享太牢，而春登台。我泊焉未兆，若婴儿之未咳；累兮，若无所归。众人皆有余，而我独若匮，我独若遗，我愚人之心也，沌沌兮。俗人昭昭，我独昏昏；俗人察察，我独闷闷。惚兮其若海，恍兮其若无所止。众人皆有以，我独顽以鄙。我欲独异于人，而贵食母。

第二十一章

孔德之容，唯道是从。道之为物，唯恍唯惚。惚兮恍兮，其中有象；恍兮惚兮，其中有物。窈兮冥兮，其中有情。其情甚真，其中有信。自今及古，其名不去，以顺众父。吾何以知众父之然也？以此。

第二十二章

曲则全，枉则正，洼则盈，敝则新，少则得，多则惑。是以圣人执一，以为天下式。不自见，故明；不自是，故彰；不自伐，故有功；不自矜，故

能长。夫唯不争，故莫能与之争。古之所谓曲全者，岂虚语哉！诚全归之。

第二十三章

希言自然。飘风不终朝，暴雨不终日。孰为此？天地而弗能久，又况于人乎？故从事于道者，同于道；德者，同于德；失者，同于失。同于德者，道亦德之；同于失者，道亦失之。

第二十四章

企者不立，自是者不彰，自见者不明，自伐者无功，自矜者不长。其在道也，曰余食赘形。物或恶之，故有道者弗居。

第二十五章

有物混成，先天地生。寂兮寥兮，独立而不改，可以为天地母。吾未知其名，字之曰道。吾强为之名曰大。大曰逝，逝曰远，远曰返。道大、天大、地大、人亦大。域中有四大，而人居一焉。人法地，地法天，天法道，道法自然。

国学十三经

卷 六
老子·道经

二七一

第二十六章

重为轻根，静为躁君。是以君子终日行，不离其辎重。虽有环观，燕处则超然。奈何万乘之王而以身轻于天下？轻则失本，躁则失君。

第二十七章

善行者无辙迹，善言者无瑕谪，善数者不用筹策，善闭者无关钥而不可启也，善结者无绳约而不可解也。是以圣人恒善救人，而无弃人，物无弃材，是谓袭明。故善人，善人之师；不善人，善人之资也。不贵其师，不爱其资，虽智乎大迷，是谓妙要。

第二十八章

知其雄，守其雌，为天下溪。为天下溪，恒德不离，复归于婴儿。知其荣，守其辱，为天下谷。为天下谷，恒德乃足，复归于朴。知其白，守其黑，为天下式。为天下式，恒德不忒，复归于无极。朴散则为器，圣人用之则为官长，故大制无割。

第二十九章

国学十三经

卷 六

老子·道经

二七二

第三十章

以道佐人主，不以兵强于天下，其事好还。师之所处，荆棘生之，善者果而已矣，毋以取强焉。果而勿骄，果而勿矜，果而勿伐，果而毋得已居，是谓果而不强。物壮则老，谓之不道，不道早已。

将欲取天下而为之，吾见其弗得已。夫天下神器也，非可为者也。为者败之，执者失之。物或行或随，或嘘或吹，或强或羸，或培或堕。是以圣人去甚、去泰、去奢。

第三十一章

君子居则贵左，用兵则贵右。故兵者非君子之器，兵者不祥之器也，不得已而用之，铦袭为上，勿美也。若美之，是乐杀人也。夫乐杀人，不可以得志于天下矣。是以吉事尚左，丧事尚右。是以偏将军居左，上将军居右。言以丧礼居之也。杀人众，以悲哀莅之；战胜，以丧礼处之。

第三十二章

道恒无名。朴虽小，而天下弗敢臣。侯王若能守之，万物将自宾。天地相合以降甘露，民莫之令而自均焉。始制有名，名亦既有，夫亦将知止，知止可以不殆。譬道之在天下也，犹川谷之于江海也。

第三十三章

知人者智也，自知者明也；胜人者有力也，自胜者强也；知足者富也，强行者有志也；不失其所者久也，死而不亡者寿也。

第三十四章

道氾兮，其可左右也。成功遂事而弗名有也。万物归焉而弗为主，则恒无欲也，可名于小。万物归焉而弗为主，可名于大。是以圣人之能成大也，以其不为大也，故能成大。

第三十五章

执大象，天下往。往而不害，安平太。乐与饵，过客止。故道之出言也，曰淡兮其无味也。视之不足见也，听之不足闻也，用之不可既也。

第三十六章

将欲歙之，必固张之；将欲弱之，必固强之；将欲去之，必固举之；

将欲夺之，必固予之。是谓微明。柔弱胜强。鱼不可脱于渊，国之利器不可以示人。

第三十七章

道恒无名，侯王若能守之，万物将自化。化而欲作，吾将镇之以无名之朴。镇之以无名之朴，夫将不欲。不欲以静，天地将自正。

德经

第三十八章

上德不德，是以有德；下德不失德，是以无德。上德无为而无以为。上仁为之而无以为。上义为之而有以为。上礼为之而莫之应，则攘臂而扔之。故失道而后德，失德而后仁，失仁而后义，失义而后礼。夫礼者，忠信之薄而乱之首也。前识者，道之华而愚之首也。是以大丈夫处其厚，不居其薄；处其实，不居其华。故去彼取此。

第三十九章

昔之得一者，天得一以清，地得一以宁，神得一以灵，谷得一以盈，侯王得一以为天下正。其致之也，谓天毋已清将恐裂，地毋已宁将恐发，神毋已灵将恐歇，谷毋已盈将恐竭，侯王毋已贵以高将恐蹶。故贵以贱为本，高以下为基。是以侯王自称孤、寡、不谷。是其贱为本也，非欤？故至誉无誉，是故不欲琭琭若玉，硌硌若石。

第四十章

上士闻道，勤而行之；中士闻道，若存若亡；下士闻道，大笑之。不笑，不足以为道。是以建言有之曰：明道若昧，进道若退，夷道若颣。上德若谷，大白若辱，广德若不足，建德若偷，质真若渝，大方无隅，大器免成，大音希声，大象无形，道褒无名。夫唯道，善始且善成。

第四十一章

反者道之动，弱者道之用。天下万物生于有，有生于无。道生一，一生

第四十二章

二，二生三，三生万物。万物负阴而抱阳，冲气以为和。人之所恶，唯孤、寡、不谷，而王侯以自称也，故物或损之而益，或益之

而损。古人之所教，亦我而教人。强梁者不得其死，我将以为学父。

第四十三章

天下之至柔，驰骋于天下之至坚。无有入于无间，吾是以知无为之有益也。不言之教，无为之益，天下希能及之矣。

第四十四章

名与身孰亲？身与货孰多？得与亡孰病？甚爱必大费，多藏必厚亡。故知足不辱，知止不殆，可以长久。

第四十五章

大成若缺，其用不敝。大盈若冲，其用不穷。大直若诎，大巧若拙，大赢若绌。躁胜寒，静胜热，清静可以为天下正。

第四十六章

天下有道，却走马以粪。天下无道，戎马生于郊。罪莫大于可欲，祸莫大于不知足，咎莫憯于欲得。故知足之足，恒足矣。

第四十七章

不出于户，以知天下。不窥于牖，以知天道。其出弥远，其知弥少。是以圣人不行而知，不见而明，不为而成。

国学十三经

卷 六

老子·德经

二七四

第四十八章

为学者日益，为道者日损。损之又损，以至于无为，无为而无不为。取天下，恒以无事，及其有事也，不足以取天下。

第四十九章

圣人恒无心，以百姓之心为心。善者善之，不善者亦善之，得善矣。信者信之，不信者亦信之，得信矣。圣人之在天下歙歙焉，为天下浑浑焉。百姓皆注其耳目，圣人皆孩之。

第五十章

出生入死。生之徒十有三，死之徒十有三，而民生生，动皆之死地，亦十有三。夫何故也？以其生生之厚也。盖闻善摄生者，陵行不遇兕虎，入军不被甲兵。兕无所投其角，虎无所措其爪，兵无所容其刃。夫何故也？以其无死地焉。

国学十三经

卷六
老子·德经

二七五

第五十一章

道生之而德畜之，物形之而器成之。是以万物尊道而贵德。道之尊也，德之贵也，夫莫之爵而恒自然也。道生之、德畜之：长之育之、亭之毒之、养之覆之。生而弗有，为而弗恃，长而弗宰，是谓玄德。

第五十二章

天下有始，以为天下母。既得其母，以知其子；既知其子，复守其母。没身不殆。塞其兑，闭其门，终身不勤。启其兑，济其事，终身不救。见小曰明，守柔曰强。用其光，复归其明。毋遗身殃，是谓袭常。

第五十三章

使我介然有知也，行于大道，唯施是畏。大道甚夷，而民好径。朝甚除，田甚芜，仓甚虚；服文采，带利剑，厌饮食，货财有余。是谓盗夸，非道也哉。

第五十四章

善建者不拔，善抱者不脱，子孙以祭祀不绝。修之于身，其德乃真；修之于家，其德乃余；修之于乡，其德乃长；修之于邦，其德乃丰；修之于天下，其德乃溥。故以身观身，以家观家，以乡观乡，以邦观邦，以天下观天下。吾何以知天下之然哉？以此。

第五十五章

含德之厚者，比于赤子。蜂虿虺蛇不螫，猛兽不据，攫鸟不搏。骨弱筋柔而握固，未知牝牡之会而朘怒，精之至也；终日号而不嗄，和之至也。知常曰明，益生曰祥，心使气曰强。

第五十六章

知者弗言，言者弗知。塞其兑，闭其门，挫其锐，解其纷，和其光，同其尘，是谓玄同。故不可得而亲，亦不可得而疏；不可得而利，亦不可得而害；不可得而贵，亦不可得而贱。故为天下贵。

第五十七章

以正治国，以奇用兵，以无事取天下。吾何以知其然也哉？以此。夫天下多忌讳，而民弥贫；民多利器，而国家滋昏；人多智巧，而奇物滋

起。法物滋彰，而盗贼多有。是以圣人之言曰：我无为而民自化，我好静

而民自正，我无事而民自富，我无欲而民自朴。

第五十八章

其政闷闷，其民惇惇；其政察察，其民缺缺。祸兮福之所倚，福兮祸

之所伏。孰知其极？其无正也，正复为奇，善复为妖。人之迷也，其日固

久矣。是以方而不割，廉而不刺，直而不肆，光而不耀。

第五十九章

治人事天莫若啬。夫唯啬，是以早服。早服是谓重积德。重积德则无

不克。无不克则莫知其极。莫知其极可以有国。有国之母可以长久。是

谓深根固柢，长生久视之道也。

第六十章

治大国若烹小鲜。以道莅天下，其鬼不神。非其鬼不神也，其神不伤

人也。非其神不伤人也，圣人亦弗伤也。夫两不相伤，故德交归焉。

第六十一章

国学十三经

卷 六
老子·德经

二七六

大国者下流也，天下之牝。天下之交也，牝恒以静胜牡。为其静也，故

宜为下。故大国以下小国，则取小国。小国以下大国，则取于大国。故或

下以取，或下而取。故大国者，不过欲兼畜人。小国者，不过欲入事人。夫

皆得其欲，则大者宜为下。

第六十二章

道者，万物之注也，善人之宝也，不善人之所保也。美言可以市，尊行

可以加人。人之不善，何弃之有？故立天子，置三卿，虽有拱璧，以先驷

马，不若坐而进此。古之所以贵此者何也？不谓求以得，有罪以免欤！

故为天下贵。

第六十三章

为无为，事无事，味无味。大小多少，报怨以德。图难乎其易也，为大

乎其细也。天下之难作于易，天下之大作于细。是以圣人终不为大，故能

成其大。夫轻诺必寡信，多易必多难。是以圣人犹难之，故终无难矣。

第六十四章

国学十三经

卷 六

老子·德经

二七七

其安易持，其未兆易谋，其脆易判，其微易散。为之于其未有，治之于其未乱。合抱之木，生于毫末；九层之台，起于累土；千里之行，始于足下。为之者败之，执之者失之。是以圣人无为也，故无败也；无执也，故无失也。民之从事，恒于几成而败之。故慎终如始，则无败事矣。是以圣人欲不欲，而不贵难得之货；学不学，而复众人之所过，能辅万物之自然，而弗敢为。

第六十五章

古之为道者，非以明民也，将以愚之也。夫民之难治也，以其智也。故以智治国，国之贼也；以不智治国，国之德也。恒知此两者，亦稽式也。恒知稽式，是谓玄德。玄德深矣，远矣，与物反矣，乃至大顺。

第六十六章

江海之所以能为百谷王者，以其善下之也，故能为百谷王。是以圣人之欲上民也，必以其言下之；其欲先民也，必以其身后之。故居上而民弗重也，居前而民弗害，天下乐推而弗厌也。非以其不争与？故天下莫能与争。

第六十七章

天下皆谓我大，大而不肖。夫唯不肖，故能大。若肖，久矣其细也夫。我恒有三宝，持而宝之。一曰慈，二曰俭，三曰不敢为天下先。夫慈，故能勇；俭，故能广；不敢为天下先，故能成器长。今舍其慈，且勇；舍其俭，且广；舍其后，且先。则死矣！夫慈，以战则胜，以守则固。天将建之，如以慈垣之。

第六十八章

善为士者不武，善战者不怒，善胜敌者弗与，善用人者为之下。是谓不争之德，是谓用人，是谓配天，古之极也。

第六十九章

用兵有言曰：吾不敢为主而为客，不敢进寸而退尺。是谓行无行，攘无臂，执无兵，乃无敌。祸莫大于无敌，无敌近亡吾宝。故抗兵相若，则哀者胜矣。

国学十三经

卷六

老子·德经

二七八

第七十章

吾言甚易知也，甚易行也。而人莫之能知也，莫之能行也。言有宗，事有君。夫唯无知也，是以不我知。知我者希，则我贵矣。是以圣人被褐而怀玉。

第七十一章

知不知，尚矣。不知知，病矣。是以圣人之不病也，以其病病也，是以不病。

第七十二章

民之不畏威，则大威将至矣。毋狭其所居，毋厌其所生。夫唯弗厌，是以不厌。是以圣人自知而不自见也，自爱而不自贵也。故去彼而取此。

第七十三章

勇于敢则杀，勇于不敢则活。此两者或利或害。天之所恶，孰知其故？天之道，不争而善胜，不言而善应，不召而自来。坦而善谋。天网恢恢，疏而不失。

第七十四章

民不畏死，奈何以死惧之？若民恒且必畏死，而为畸者，吾得而杀之，夫孰敢矣？若民恒且畏死，则恒有司杀者。夫代司杀者杀，是代大匠斫也。夫代大匠斫者，则希不伤其手矣。

第七十五章

人之饥也，以其上食税之多也，是以饥。百姓之不治也，以其上之有以为也，是以不治。民之轻死，以其求生之厚也，是以轻死。夫唯无以生为者，是贤贵生。

第七十六章

人之生也柔弱，其死也坚强。万物草木之生也柔脆，其死也枯槁。故坚强者死之徒也，柔弱者生之徒也。是以兵强则不胜，木强则折。强大居下，柔弱居上。

第七十七章

天之道，犹张弓也。高者抑之，下者举之，有余者损之，不足者补之。曰：

故天之道，损有余而补不足。人之道则不然，损不足以奉有余。孰能有余而奉天下？唯有道者。是以圣人为而弗有，功成而弗居也，若此其不欲见贤也。

第七十八章

天下莫柔弱于水，而攻坚强者莫之能胜，以其无以易之也。柔之胜刚也，弱之胜强也，天下莫不知也，而莫能行也。故圣人之言云：受国之垢，是谓社稷之主；受国之不祥，是谓天下之王。正言若反。

第七十九章

和大怨，必有余怨，焉可以为善？是以圣人执左契，而不以责于人。故有德司契，无德司彻。夫天道无亲，恒与善人。

第八十章

小国寡民，使有十百人之器而毋用，使民重死而不远徙。有舟车无所乘之，有甲兵无所陈之，使民复结绳而用之。甘其食、美其服、乐其俗、安其居。邻国相望，鸡犬之声相闻，民至老死不相往来。

国学十三经

卷 六
老子·德经

第八十一章

信言不美，美言不信。知者不博，博者不知。善者不多，多者不善。圣人无积，既以为人，己愈有；既以与人，己愈多。故天之道，利而不害；人之道，为而不争。

二七九

（易行 校订）

孙子

计 篇

孙子曰：兵者，国之大事，死生之地，存亡之道，不可不察也。

故经之以五事，校之以计而索其情：一曰道，二曰天，三曰地，四曰将，五曰法。

道者，令民与上同意也，故可以与之死，可以与之生，而不畏危。天者，阴阳、寒暑、时制也。地者，远近、险易、广狭、死生也。将者，智、信、仁、勇、严也。法者，曲制、官道、主用也。凡此五者，将莫不闻，知之者胜，不知者不胜。

故校之以计而索其情，曰：主孰有道？将孰有能？天地孰得？法令孰行？兵众孰强？士卒孰练？赏罚孰明？吾以此知胜负矣。

将听吾计，用之必胜，留之；将不听吾计，用之必败，去之。

计利以听，乃为之势，以佐其外。势者，因利而制权也。

兵者，诡道也。故能而示之不能，用而示之不用，近而示之远，远而示之近；利而诱之，乱而取之，实而备之，强而避之，怒而挠之，卑而骄之，佚而劳之，亲而离之。攻其无备，出其不意。此兵家之胜，不可先传也。

夫未战而庙算胜者，得算多也；未战而庙算不胜者，得算少也。多算胜，少算不胜，而况于无算乎！吾以此观之，胜负见矣。

国学十三经

卷 六
孙子·计篇 作战篇

二八〇

作战篇

孙子曰：凡用兵之法，驰车千驷，革车千乘，带甲十万，千里馈粮；则内外之费，宾客之用，胶漆之材，车甲之奉，日费千金，然后十万之师举矣。

其用战也胜，久则钝兵挫锐，攻城则力屈，久暴师则国用不足。夫钝兵挫锐，屈力殚货，则诸侯乘其弊而起，虽有智者，不能善其后矣。故兵闻拙速，未睹巧之久也。夫兵久而国利者，未之有也。故不尽知用兵之害者，则不能尽知用兵之利也。

善用兵者，役不再籍，粮不三载；取用于国，因粮于敌，故军食可足也。

国之贫于师者远输，远输则百姓贫。近于师者贵卖，贵卖则百姓财竭，也。

财竭则急于丘役。力屈、财殚、中原内虚于家。百姓之费，十去其七，公家之费，破车罢马，甲胄矢弩，戟楯蔽橹，丘牛大车，十去其六。

故智将务食于敌。食敌一钟，当吾二十钟；萁秆一石，当吾二十石。

故杀敌者，怒也；取敌之利者，货也。故车战得车十乘已上，赏其先得者，而更其旌旗，车杂而乘之，卒善而养之，是谓胜敌而益强。

故兵贵胜，不贵久。

故知兵之将，生民之司命，国家安危之主也。

国学十三经

卷 六

孙子·谋攻篇 形篇

二八一

谋攻篇

孙子曰：凡用兵之法，全国为上，破国次之；全军为上，破军次之；全旅为上，破旅次之；全卒为上，破卒次之；全伍为上，破伍次之。是故百战百胜，非善之善者也；不战而屈人之兵，善之善者也。

故上兵伐谋，其次伐交，其次伐兵，其下攻城。攻城之法为不得已。修橹轒辒，具器械，三月而后成，距闉，又三月而后已。将不胜其忿而蚁附之，杀士三分之一而城不拔者，此攻之灾也。

故善用兵者，屈人之兵而非战也，拔人之城而非攻也，毁人之国而非久也，必以全争于天下，故兵不顿而利可全，此谋攻之法也。

故用兵之法，十则围之，五则攻之，倍则分之，敌则能战之，少则能守之，不若则能避之。故小敌之坚，大敌之擒也。

夫将者，国之辅也，辅周则国必强，辅隙则国必弱。

故君之所以患于军者三：不知军之不可以进而谓之进，不知军之不可以退而谓之退，是谓縻军。不知三军之事而同三军之政者，则军士惑矣。不知三军之权而同三军之任，则军士疑矣。三军既惑且疑，则诸侯之难至矣，是谓乱军引胜。

故知胜有五：知可以战与不可以战者胜，识众寡之用者胜，上下同欲者胜，以虞待不虞者胜，将能而君不御者胜。此五者，知胜之道也。

故曰：知彼知己者，百战不殆；不知彼而知己，一胜一负；不知彼不知己，每战必殆。

形篇

国学十三经

卷六 孙子·势篇

二八二

孙子曰：昔之善战者，先为不可胜，以待敌之可胜。不可胜在己，可胜在敌。故善战者，能为不可胜，不能使敌之可胜。故曰：胜可知而不可为。

不可胜者，守也；可胜者，攻也。守则不足，攻则有余。善守者，藏于九地之下；善攻者，动于九天之上。故能自保而全胜也。

见胜不过众人之所知，非善之善者也；战胜而天下曰善，非善之善者也。故举秋毫不为多力，见日月不为明目，闻雷霆不为聪耳。古之所谓善战者，胜于易胜者也。故善战者之胜也，无智名，无勇功。故其战胜不忒，不忒者，其所措必胜，胜已败者也。故善战者，立于不败之地，而不失敌之败也。是故胜兵先胜而后求战，败兵先战而后求胜。善用兵者，修道而保法，故能为胜败之政。

兵法：一曰度，二曰量，三曰数，四曰称，五曰胜。地生度，度生量，量生数，数生称，称生胜。故胜兵若以镒称铢，败兵若以铢称镒。胜者之战民也，若决积水于千仞之溪者，形也。

势篇

孙子曰：凡治众如治寡，分数是也；斗众如斗寡，形名是也；三军之众，可使必受敌而无败者，奇正是也；兵之所加，如以碫投卵者，虚实是也。

凡战者，以正合，以奇胜。故善出奇者，无穷如天地，不竭如江河。终而复始，日月是也；死而复生，四时是也。声不过五，五声之变，不可胜听也；色不过五，五色之变，不可胜观也；味不过五，五味之变，不可胜尝也。战势不过奇正，奇正之变，不可胜穷也。奇正相生，如循环之无端，孰能穷之？

激水之疾，至于漂石者，势也；鸷鸟之疾，至于毁折者，节也。是故善战者，其势险，其节短。势如弩，节如发机。

纷纷纭纭，斗乱而不可乱也；浑浑沌沌，形圆而不可败也。乱生于治，怯生于勇，弱生于强。治乱，数也；勇怯，势也；强弱，形也。故善动敌者，形之，敌必从之；予之，敌必取之。以利动之，以卒待之。

故善战者，求之于势，不责于人，故能择人而任势。任势者，其战人也，如转木石。木石之性，安则静，危则动，方则止，圆则行。故善战人之势，如转圆石于千仞之山者，势也。

虚实篇

孙子曰：凡先处战地而待敌者佚，后处战地而趋战者劳。故善战者，致人而不致于人。能使敌人自至者，利之也；能使敌人不得至者，害之也。故敌佚能劳之，饱能饥之，安能动之。

出其所必趋，趋其所不意。行千里而不劳者，行于无人之地也。攻而必取者，攻其所不守也；守而必固者，守其所不攻也。故善攻者，敌不知其所守；善守者，敌不知其所攻。微乎微乎，至于无形；神乎神乎，至于无声，故能为敌之司命。进而不可御者，冲其虚也；退而不可追者，速而不可及也。故我欲战，敌虽高垒深沟，不得不与我战者，攻其所必救也；我不欲战，画地而守之，敌不得与我战者，乖其所之也。

故形人而我无形，则我专而敌分；我专为一，敌分为十，是以十攻其一也，则我众而敌寡；能以众击寡者，则吾之所与战者约矣。吾所与战之地不可知，不可知，则敌所备者多；敌所备者多，则吾所与战者寡矣。故备前则后寡，备后则前寡，备左则右寡，备右则左寡，无所不备，则无所不寡。寡者，备人者也；众者，使人备己者也。

故知战之地，知战之日，则可千里而会战。不知战地，不知战日，则左不能救右，右不能救左，前不能救后，后不能救前，而况远者数十里，近者数里乎？以吾度之，越人之兵虽多，亦奚益于胜败哉？故曰：胜可为也。

敌虽众，可使无斗。

故策之而知得失之计，作之而知动静之理，形之而知死生之地，角之而知有余不足之处。故形兵之极，至于无形。无形，则深间不能窥，智者不能谋。因形而错胜于众，众不能知；人皆知我所以胜之形，而莫知吾所以制胜之形。故其战胜不复，而应形于无穷。

夫兵形像水。水之形，避高而趋下；兵之形，避实而击虚。水因地而制流，兵因敌而制胜。故兵无常势，水无常形，能因敌变化而取胜者，谓之

神。故五行无常胜，四时无常位，日有短长，月有死生。

军争篇

孙子曰：凡用兵之法，将受命于君，合军聚众，交和而舍，莫难于军争。军争之难者，以迂为直，以患为利。故迂其途，而诱之以利，后人发，先人至，此知迂直之计者也。

故军争为利，军争为危。举军而争利，则不及；委军而争利，则辎重捐。是故卷甲而趋，日夜不处，倍道兼行，百里而争利，则擒三将军，劲者先，疲者后，其法十一而至；五十里而争利，则蹶上军将，其法半至；三十里而争利，则三分之二至。是故军无辎重则亡，无粮食则亡，无委积则亡。

故不知诸侯之谋者，不能豫交；不知山林、险阻、沮泽之形者，不能行军；不用乡导者，不能得地利。故兵以诈立，以利动，以分合为变者也。故其疾如风，其徐如林，侵掠如火，不动如山，难知如阴，动如雷震，掠乡分众，廓地分利，悬权而动。先知迂直之计者胜。此军争之法也。

《军政》曰：『言不相闻，故为金鼓；视不相见，故为旌旗。』夫金鼓旌旗者，所以一人之耳目也。人既专一，则勇者不得独进，怯者不得独退，此用众之法也。故夜战多火鼓，昼战多旌旗，所以变人之耳目也。

故三军可夺气，将军可夺心。是故朝气锐，昼气惰，暮气归。故善用兵者，避其锐气，击其惰归，此治气者也。以治待乱，以静待哗，此治心者也。以近待远，以佚待劳，以饱待饥，此治力者也。无邀正正之旗，勿击堂堂之阵，此治变者也。

九变篇

孙子曰：凡用兵之法，将受命于君，合军聚众，圮地无舍，衢地交合，绝地无留，围地则谋，死地则战。途有所不由，军有所不击，城有所不攻，地有所不争，君命有所不受。故将通于九变之地利者，知用兵矣；将不通于九变之利者，虽知地形，不能得地之利矣。治兵不知九变之术，虽知五利，不能得人之用矣。

故用兵之法，高陵勿向，背丘勿逆，佯北勿从，锐卒勿攻，饵兵勿食，归师勿遏，围师必阙，穷寇勿迫。此用兵之法也。

国学十三经

卷 六

孙子·军争篇 九变篇

不能得人之用矣。

是故智者之虑，必杂于利害。杂于利而务可信也，杂于害而患可解也。

是故屈诸侯者以害，役诸侯者以业，趋诸侯者以利。

故用兵之法，无恃其不来，恃吾有以待也；无恃其不攻，恃吾有所不可攻也。

故将有五危：必死，可杀也；必生，可虏也；忿速，可侮也；廉洁，可辱也；爱民，可烦也。凡此五者，将之过也，用兵之灾也。覆军杀将，必以五危，不可不察也。

行军篇

孙子曰：凡处军相敌：绝山依谷，视生处高，战隆无登，此处山之军也。绝水必远水；客绝水而来，勿迎之于水内，令半济而击之，利；欲战者，无附于水而迎客；视生处高，无迎水流，此处水上之军也。绝斥泽，惟亟去无留；若交军于斥泽之中，必依水草而背众树，此处斥泽之军也。平陆处易而右背高，前死后生，此处平陆之军也。凡此四军之利，黄帝之所以胜四帝也。

凡军好高而恶下，贵阳而贱阴，养生而处实，军无百疾，是谓必胜。丘陵堤防，必处其阳而右背之。此兵之利，地之助也。

上雨，水沫至，欲涉者，待其定也。

凡地有绝涧、天井、天牢、天罗、天陷、天隙，必亟去之，勿近也。吾远之，敌近之；吾迎之，敌背之。

军行有险阻、潢井、葭苇、山林、蘙荟者，必谨复索之，此伏奸之所处也。

敌近而静者，恃其险也；远而挑战者，欲人之进也；其所居易者，利也。众树动者，来也；众草多障者，疑也；鸟起者，伏也；兽骇者，覆也。尘高而锐者，车来也；卑而广者，徒来也；散而条达者，樵采也；少而往来者，营军也。词卑而益备者，进也；词强而进驱者，退也；轻车先出居其侧者，阵也；无约而请和者，谋也；奔走而陈兵车者，期也；半进半退者，诱也。杖而立者，饥也；汲而先饮者，渴也；见利而不进者，劳也；鸟集者，虚也；夜呼者，恐也；军扰者，将不重也；旌旗动者，乱也；吏怒者，倦也。粟马肉食，军无悬缶，不返其舍者，穷寇也；谆

国学十三经

卷 六　孙子·地形篇

二八六

谆谆翕翕，徐与人言者，失众也；数赏者，窘也；数罚者，困也；先暴而后畏其众者，不精之至也；来委谢者，欲休息也。兵怒而相迎，久而不合，又不相去，必谨察之。

兵非益多也，惟无武进，足以并力、料敌、取人而已。夫惟无虑而易敌者，必擒于人。

卒未亲附而罚之则不服，不服则难用也；卒已亲附而罚不行，则不可用也。故令之以文，齐之以武，是谓必取。令素行以教其民，则民服；令素不行以教其民，则民不服。令素行者，与众相得也。

地形篇

孙子曰：地形有通者，有挂者，有支者，有隘者，有险者，有远者。我可以往，彼可以来，曰通。通形者，先居高阳，利粮道，以战则利。可以往，难以返，曰挂。挂形者，敌无备，出而胜之；敌若有备，出而不胜，难以返，不利。我出而不利，彼出而不利，曰支。支形者，敌虽利我，我无出也；引而去之，令敌半出而击之，利。隘形者，我先居之，必盈之以待敌；若敌先居之，盈而勿从，不盈而从之。险形者，我先居之，必居高阳以待敌；若敌先居之，引而去之，勿从也。远形者，势均，难以挑战，战而不利。凡此六者，地之道也，将之至任，不可不察也。

故兵有走者，有弛者，有陷者，有崩者，有乱者，有北者。凡此六者，非天之灾，将之过也。夫势均，以一击十，曰走；卒强吏弱，曰弛；吏强卒弱，曰陷；大吏怒而不服，遇敌怼而自战，将不知其能，曰崩；将弱不严，教道不明，吏卒无常，阵兵纵横，曰乱；将不能料敌，以少合众，以弱击强，兵无选锋，曰北。凡此六者，败之道也，将之至任，不可不察也。

夫地形者，兵之助也。料敌制胜，计险厄远近，上将之道也。知此而用战者必胜，不知此而用战者必败。故战道必胜，主曰无战，必战可也；战道不胜，主曰必战，无战可也。故进不求名，退不避罪，唯人是保，而利合于主，国之宝也。

视卒如婴儿，故可以与之赴深溪；视卒如爱子，故可与之俱死。厚而不能使，爱而不能令，乱而不能治，譬若骄子，不可用也。

国学十三经

卷六　孙子·九地篇

二八七

知吾卒之可以击，而不知敌之不可击，胜之半也；知敌之可击，而不知吾卒之不可以击，胜之半也；知敌之可击，知吾卒之可以击，而不知地形之不可以战，胜之半也。故知兵者，动而不迷，举而不穷。故曰：知彼知己，胜乃不殆；知天知地，胜乃不穷。

九地篇

孙子曰：用兵之法，有散地，有轻地，有争地，有交地，有衢地，有重地，有圮地，有围地，有死地。诸侯自战其地，为散地；入人之地而不深者，为轻地；我得则利，彼得亦利者，为争地；我可以往，彼可以来者，为交地；诸侯之地三属，先至而得天下之众者，为衢地；入人之地深，背城邑多者，为重地；行山林、险阻、沮泽，凡难行之道者，为圮地；所由入者隘，所从归者迂，彼寡可以击吾之众者，为围地；疾战则存，不疾战则亡者，为死地。是故散地则无战，轻地则无止，争地则无攻，交地则无绝，衢地则合交，重地则掠，圮地则行，围地则谋，死地则战。

所谓古之善用兵者，能使敌人前后不相及，众寡不相恃，贵贱不相救，上下不相收，卒离而不集，兵合而不齐。合于利而动，不合于利而止。敢问：『敌众整而将来，待之若何？』曰：『先夺其所爱，则听矣。』兵之情主速，乘人之不及，由不虞之道，攻其所不戒也。

凡为客之道，深入则专，主人不克，掠于饶野，三军足食，谨养而勿劳，并气积力，运兵计谋，为不可测。投之无所往，死且不北，死焉不得，士人尽力。兵士甚陷则不惧，无所往则固，入深则拘，不得已则斗。是故其兵不修而戒，不求而得，不约而亲，不令而信，禁祥去疑，至死无所之。吾士无余财，非恶货也；无余命，非恶寿也。令发之日，士卒坐者涕沾襟，偃卧者涕交颐。投之无所往者，诸刿之勇也。

故善用兵者，譬如率然。率然者，恒山之蛇也。击其首则尾至，击其尾则首至，击其中则首尾俱至。敢问：『兵可使如率然乎？』曰：『可。』夫吴人与越人相恶也，当其同舟而济，遇风，其相救也如左右手。是故方马埋轮，未足恃也；齐勇若一，政之道也；刚柔皆得，地之理也。故善用兵者，携手若使一人，不得已也。

将军之事，静以幽，正以治。能愚士卒之耳目，使之无知。易其事，革其谋，使人无识；易其居，迁其途，使人不得虑。帅与之期，如登高而去其梯。帅与之深入诸侯之地，而发其机，焚舟破釜，若驱群羊，驱而往，驱而来，莫知所之。聚三军之众，投之于险，此谓将军之事也。九地之变，屈伸之利，人情之理，不可不察。

凡为客之道，深则专，浅则散。去国越境而师者，绝地也；四达者，衢地也；入深者，重地也；入浅者，轻地也；背固前隘者，围地也；无所往者，死地也。是故散地，吾将一其志；轻地，吾将使之属；争地，吾将趋其后；交地，吾将谨其守；衢地，吾将固其结；重地，吾将继其食；圮地，吾将进其途；围地，吾将塞其阙；死地，吾将示之以不活。故兵之情，围则御，不得已则斗，过则从。

是故不知诸侯之谋者，不能预交；不知山林、险阻、沮泽之形者，不能行军；不用乡导者，不能得地利。四五者，不知一，非霸王之兵也。夫霸王之兵，伐大国，则其众不得聚；威加于敌，则其交不得合。是故不争天下之交，不养天下之权，信己之私，威加于敌，故其城可拔，其国可隳。施无法之赏，悬无政之令，犯三军之众，若使一人。犯之以事，勿告以言；犯之以利，勿告以害。投之亡地然后存，陷之死地然后生。夫众陷于害，然后能为胜败。故为兵之事，在于顺详敌之意，并敌一向，千里杀将，此谓巧能成事者也。

是故政举之日，夷关折符，无通其使，厉于廊庙之上，以诛其事。敌人开阖，必亟入之。先其所爱，微与之期。践墨随敌，以决战事。是故始如处女，敌人开户，后如脱兔，敌不及拒。

火攻篇

孙子曰：凡火攻有五：一曰火人，二曰火积，三曰火辎，四曰火库，五曰火队。行火必有因，烟火必素具。发火有时，起火有日。时者，天之燥也；日者，月在箕、壁、翼、轸也；凡此四宿者，风起之日也。

凡火攻，必因五火之变而应之。火发于内，则早应之于外。火发兵静者，待而勿攻，极其火力，可从而从之，不可从而止。火可发于外，无待于

国学十三经

卷 六

孙子·火攻篇

二八八

国学十三经

卷六　孙子·用间篇　二八九

内，以时发之。

火发上风，无攻下风。昼风久，夜风止。凡军必知有五火之变，以数守之。

故以火佐攻者明，以水佐攻者强。水可以绝，不可以夺。

夫战胜攻取，而不修其功者凶，命曰费留。故曰：明主虑之，良将修之。非利不动，非得不用，非危不战。主不可以怒而兴师，将不可以愠而致战。合于利而动，不合于利而止。怒可以复喜，愠可以复悦，亡国不可以复存，死者不可以复生。故明君慎之，良将警之，此安国全军之道也。

用间篇

孙子曰：凡兴师十万，出征千里，百姓之费，公家之奉，日费千金；内外骚动，怠于道路，不得操事者，七十万家。相守数年，以争一日之胜，而爱爵禄百金，不知敌之情者，不仁之至也，非人之将也，非主之佐也，非胜之主也。故明君贤将，所以动而胜人，成功出于众者，先知也。先知者，不可取于鬼神，不可象于事，不可验于度，必取于人，知敌之情者也。

故用间有五：有因间，有内间，有反间，有死间，有生间。五间俱起，莫知其道，是谓神纪，人君之宝也。因间者，因其乡人而用之；内间者，因其官人而用之；反间者，因其敌间而用之；死间者，为诳事于外，令吾间知之，而传于敌间也；生间者，反报也。

故三军之亲，莫亲于间，赏莫厚于间，事莫密于间。非圣智不能用间，非仁义不能使间，非微妙不能得间之实。微哉！微哉！无所不用间也。间事未发，而先闻者，间与所告者皆死。

凡军之所欲击，城之所欲攻，人之所欲杀，必先知其守将、左右、谒者、门者、舍人之姓名，令吾间必索知之。必索敌人之间来间我者，因而利之，导而舍之，故反间可得而用也。因是而知之，故乡间、内间可得而使也。因是而知之，故死间为诳事，可使告敌。因是而知之，故生间可使如期。五间之事，主必知之。知之必在于反间，故反间不可不厚也。

昔殷之兴也，伊挚在夏；周之兴也，吕牙在殷。故唯明君贤将，能以上智为间者，必成大功。此兵之要，三军之所恃而动也。

（易行 校订）

庄子

内篇

逍遥游第一

北冥有鱼，其名为鲲。鲲之大，不知其几千里也；化而为鸟，其名为鹏。鹏之背，不知其几千里也；怒而飞，其翼若垂天之云。是鸟也，海运则将徙于南冥。南冥者，天池也。

《齐谐》者，志怪者也。《谐》之言曰：『鹏之徙于南冥也，水击三千里，抟扶摇而上者九万里，去以六月息者也。』野马也，尘埃也，生物之以息相吹也。天之苍苍，其正色邪？其远而无所至极邪？其视下也，亦若是则已矣。

且夫水之积也不厚，则其负大舟也无力。覆杯水于坳堂之上，则芥为之舟；置杯焉则胶，水浅而舟大也。风之积也不厚，则其负大翼也无力。故九万里，则风斯在下矣，而后乃今培风；背负青天而莫之夭阏者，而后乃今将图南。

国学十三经

卷 七

庄子·内篇

二九〇

蜩与学鸠笑之曰：『我决起而飞，抢榆枋而止，时则不至，而控于地而已矣，奚以之九万里而南为？』适莽苍者，三湌而反，腹犹果然；适百里者，宿舂粮；适千里者，三月聚粮。之二虫又何知！

小知不及大知，小年不及大年。奚以知其然也？朝菌不知晦朔，蟪蛄不知春秋，此小年也。楚之南有冥灵者，以五百岁为春，五百岁为秋；上古有大椿者，以八千岁为春，八千岁为秋，此大年也。而彭祖乃今以久特闻，众人匹之，不亦悲乎！

汤之问棘也是已：

汤问棘曰：『上下四方有极乎？』

棘曰：『无极之外，复无极也。穷发之北，有冥海者，天池也。有鱼焉，其广数千里，未有知其修者，其名为鲲。有鸟焉，其名为鹏，背若泰山，翼若垂天之云，抟扶摇羊角而上者九万里，绝云气，负青天，然后图南，且适南冥也。斥鷃笑之曰：『彼且奚适也？我腾跃而上，不过数仞而下，翱翔蓬蒿之间，此亦飞之至也，而彼且奚适也？』此小大之辩也。

国学十三经

卷七 庄子·内篇

故夫知效一官，行比一乡，德合一君而徵一国者，其自视也，亦若此矣。而宋荣子犹然笑之。且举世而誉之而不加劝，举世而非之而不加沮，定乎内外之分，辩乎荣辱之境，斯已矣。彼其于世，未数数然也。虽然，犹有未树也。夫列子御风而行，泠然善也，旬有五日而后反。彼于致福者，未数数然也。此虽免乎行，犹有所待者也。若夫乘天地之正，而御六气之辩，以游无穷者，彼且恶乎待哉！故曰：至人无己，神人无功，圣人无名。

尧让天下于许由，曰：「日月出矣，而爝火不息，其于光也，不亦难乎！时雨降矣，而犹浸灌，其于泽也，不亦劳乎！夫子立而天下治，而我犹尸之，吾自视缺然。请致天下。」

许由曰：「子治天下，天下既已治也；而我犹代子，吾将为名乎？名者，实之宾也。吾将为宾乎？鹪鹩巢于深林，不过一枝；偃鼠饮河，不过满腹。归休乎君，予无所用天下为！庖人虽不治庖，尸祝不越樽俎而代之矣。」

肩吾问于连叔曰：「吾闻言于接舆，大而无当，往而不返。吾惊怖其言犹河汉而无极也，大有径庭，不近人情焉。」

连叔曰：「其言谓何哉？」

曰：「藐姑射之山，有神人居焉。肌肤若冰雪，绰约若处子；不食五谷，吸风饮露，乘云气，御飞龙，而游乎四海之外。其神凝，使物不疵疠而年谷熟。吾以是狂而不信也。」

连叔曰：「然。瞽者无以与乎文章之观，聋者无以与乎钟鼓之声。岂唯形骸有聋盲哉？夫知亦有之。是其言也，犹时女也。之人也，之德也，将旁礴万物以为一。世蕲乎乱，孰弊弊焉以天下为事！之人也，物莫之伤，大浸稽天而不溺，大旱金石流、土山焦而不热。是其尘垢粃糠，将犹陶铸尧舜者也，孰肯以物为事！宋人资章甫而适诸越，越人断发文身，无所用之。尧治天下之民，平海内之政。往见四子藐姑射之山，汾水之阳，窅然丧其天下焉。」

惠子谓庄子曰：「魏王贻我大瓠之种，我树之成而实五石。以盛水浆，其坚不能自举也；剖之以为瓢，则瓠落无所容。非不呺然大也，吾为

国学十三经

卷中·庄子

其无用而掊之。」

庄子曰：「夫子固拙于用大矣。宋人有善为不龟手之药者，世世以洴澼絖为事。客闻之，请买其方百金。聚族而谋曰：『我世世为洴澼絖，不过数金。今一朝而鬻技百金，请与之。』客得之，以说吴王。越有难，吴王使之将。冬，与越人水战，大败越人，裂地而封之。能不龟手一也，或以封，或不免于洴澼絖，则所用之异也。今子有五石之瓠，何不虑以为大樽而浮乎江湖，而忧其瓠落无所容？则夫子犹有蓬之心也夫！」

惠子谓庄子曰：「吾有大树，人谓之樗。其大本臃肿而不中绳墨，其小枝卷曲而不中规矩。立之涂，匠者不顾。今子之言，大而无用，众所同去也。」

庄子曰：「子独不见狸狌乎？卑身而伏，以候敖者；东西跳梁，不辟高下；中于机辟，死于罔罟。今夫斄牛，其大若垂天之云。此能为大矣，而不能执鼠。今子有大树，患其无用，何不树之于无何有之乡，广莫之野，彷徨乎无为其侧，逍遥乎寝卧其下。不夭斤斧，物无害者，无所可用，安所困苦哉！」

国学十三经

齐物论第二

南郭子綦隐机而坐，仰天而嘘，荅焉似丧其耦。颜成子游立侍乎前，曰：「何居乎？形固可使如槁木，而心固可使如死灰乎？今之隐机者，非昔之隐机者也。」

子綦曰：「偃，不亦善乎而问之也！今者吾丧我，汝知之乎？汝闻人籁而未闻地籁，汝闻地籁而未闻天籁夫！」

子游曰：「敢问其方。」

子綦曰：「夫大块噫气，其名为风。是唯无作，作则万窍怒呺。而独不闻之翏翏乎？山陵之畏佳，大木百围之窍穴，似鼻，似口，似耳，似枅，似圈，似臼，似洼者，似污者。激者、謞者、叱者、吸者、叫者、譹者、宎者、咬者，前者唱于而随者唱喁，泠风则小和，飘风则大和，厉风济则众窍为虚。而独不见之调调之刁刁乎？」

子游曰：「地籁则众窍是已，人籁则比竹是已，敢问天籁？」

国学十三经

卷 七

庄子·内篇

二九三

子綦曰：『夫吹万不同，而使其自己也。咸其自取，怒者其谁邪？』

大知闲闲，小知间间，大言炎炎，小言詹詹。其寐也魂交，其觉也形开。与接为构，日以心斗。缦者，窖者，密者。小恐惴惴，大恐缦缦。其发若机栝，其司是非之谓也；其留如诅盟，其守胜之谓也；其杀若秋冬，以言其日消也；其溺之所为之，不可使复之也；其厌也如缄，以言其老洫也；近死之心，莫使复阳也。喜怒哀乐，虑叹变热，姚佚启态；乐出虚，蒸成菌。日夜相代乎前而莫知其所萌。已乎，已乎！旦暮得此，其所由以生乎！

非彼无我，非我无所取。是亦近矣，而不知其所为使。若有真宰，而特不得其朕。可行已信，而不见其形，有情而无形。百骸、九窍、六藏，赅而存焉，吾谁与为亲？汝皆说之乎？其有私焉？如是皆有为臣妾乎？其臣妾不足以相治乎？其递相为君臣乎？其有真君存焉！如求得其情与不得，无益损乎其真。一受其成形，不亡以待尽。与物相刃相靡，其行尽如驰而莫之能止，不亦悲乎！终身役役而不见其成功，茶然疲役而不知其所归，可不哀邪！人谓之不死，奚益！其形化，其心与之然，可不谓大哀乎？人之生也，固若是芒乎？其我独芒，而人亦有不芒者乎？

夫随其成心而师之，谁独且无师乎？奚必知代而心自取者有之？愚者与有焉！未成乎心而有是非，是今日适越而昔至也。是以无有为有。无有为有，虽有神禹且不能知，吾独且奈何哉！

夫言非吹也，言者有言。其所言者特未定也。果有言邪？其未尝有言邪？其以为异于鷇音，亦有辩乎？其无辩乎？道恶乎隐而有真伪？言恶乎隐而有是非？道恶乎往而不存？言恶乎存而不可？道隐于小成，言隐于荣华。故有儒墨之是非，以是其所非而非其所是。欲是其所非而非其所是，则莫若以明。

物无非彼，物无非是。自彼则不见，自是则知之。故曰：彼出于是，是亦因彼。彼是，方生之说也。虽然，方生方死，方死方生；方可方不可，方不可方可；因是因非，因非因是。是以圣人不由而照之于天，亦因是也。是亦彼也，彼亦是也。彼亦一是非，此亦一是非。果且有彼是乎哉？

（此页文字因图像模糊、分辨率过低而难以辨识）

国学十三经

卷七 庄子·内篇

果且无彼是乎哉？彼是莫得其偶，谓之道枢。枢始得其环中，以应无穷。

是亦一无穷，非亦一无穷也。故曰：莫若以明。以指喻指之非指，不若以

非指喻指之非指也；以马喻马之非马，不若以非马喻马之非马也。天地

一指也，万物一马也。

可乎可，不可乎不可。道行之而成，物谓之而然。恶乎然？然于然。恶乎

恶乎不然？不然于不然。物固有所然，物固有所可。无物不然，无物不

可。故为是举莛与楹，厉与西施，恢恑憰怪，道通为一。其分也，成也；其

成也，毁也。凡物无成与毁，复通为一。唯达者知通为一，为是不用而寓诸

庸。庸也者，用也；用也者，通也；通也者，得也。适得而几矣。因是

已，已而不知其然，谓之道。劳神明为一而不知其同也，谓之『朝三』。何谓

『朝三』？狙公赋芧，曰：『朝三而暮四。』众狙皆怒。曰：『然则朝四而

暮三。』众狙皆悦。名实未亏而喜怒为用，亦因是也。是以圣人和之以是非

而休乎天钧，是之谓两行。

古之人，其知有所至矣。恶乎至？有以为未始有物者，至矣，尽矣，不

可以加矣！其次以为有物矣，而未始有封也。其次以为有封焉，而未始有

是非也。是非之彰也，道之所以亏也。道之所以亏，爱之所以成。果且有

成与亏乎哉？果且无成与亏乎哉？有成与亏，故昭氏之鼓琴也；无成

与亏，故昭氏之不鼓琴也。昭文之鼓琴也，师旷之枝策也，惠子之据梧也，

三子之知几乎皆其盛者也，故载之末年。唯其好之也以异于彼，其好之也

欲以明之。彼非所明而明之，故以坚白之昧终。而其子又以文之纶终，终

身无成。若是而可谓成乎，虽我亦成也；若是而不可谓成乎，物与我无成

也。是故滑疑之耀，圣人之所图也。为是不用而寓诸庸，此之谓『以明』。

今且有言于此，不知其与是类乎？其与是不类乎？类与不类，相与

为类，则与彼无以异矣。虽然，请尝言之。有始也者，有未始有始也者，有

未始有夫未始有始也者；有有也者，有无也者，有未始有无也者，有未始

有夫未始有无也者。俄而有无矣，而未知有无之果孰有孰无也。今我则已

有谓矣，而未知吾所谓之其果有谓乎？其果无谓乎？

天下莫大于秋豪之末，而大山为小；莫寿于殇子，而彭祖为夭。天地

国学十三经

卷七

庄子·内篇

二九五

与我并生，而万物与我为一。既已为一矣，且得有言乎？既已谓之一矣，

且得无言乎？一与言为二，二与一为三。自此以往，巧历不能得，而况其

凡乎！故自无适有，以至于三，而况自有适有乎！无适焉，因是已。

夫道未始有封，言未始有常，为是而有畛也。请言其畛：有左有右，

有伦有义，有分有辩，有竞有争，此之谓八德。六合之外，圣人存而不论；

六合之内，圣人论而不议；春秋经世先王之志，圣人议而不辩。故分也

者，有不分也；辩也者，有不辩也。曰：何也？圣人怀之，众人辩之以

相示也。故曰：辩也者，有不见也。夫大道不称，大辩不言，大仁不仁，大

廉不嗛，大勇不忮。道昭而不道，言辩而不及，仁常而不成，廉清而不信，勇

忮而不成。五者圆而几向方矣。故知止其所不知，至矣。孰知不言之辩，

不道之道？若有能知，此之谓天府。注焉而不满，酌焉而不竭，而不知其

所由来，此之谓葆光。

故昔者尧问于舜曰：『我欲伐宗、脍、胥敖，南面而不释然。其故何

也？』

舜曰：『夫三子者，犹存乎蓬艾之间，若不释然何哉？昔者十日并

出，万物皆照，而况德之进乎日者乎！』

啮缺问乎王倪曰：『子知物之所同是乎？』

曰：『吾恶乎知之！』

『子知子之所不知邪？』

曰：『吾恶乎知之！』

『然则物无知邪？』

曰：『吾恶乎知之！虽然，尝试言之。庸讵知吾所谓知之非不知

邪？庸讵知吾所谓不知之非知邪？且吾尝试问乎女：民湿寝则腰疾偏

死，鳅然乎哉？木处则惴栗恂惧，猿猴然乎哉？三者孰知正处？民食刍

豢，麋鹿食荐，蝍蛆甘带，鸱鸦嗜鼠，四者孰知正味？猿猵狙以为雌，麋与

鹿交，鳅与鱼游。毛嫱丽姬，人之所美也；鱼见之深入，鸟见之高飞，麋鹿

见之决骤。四者孰知天下之正色哉？自我观之，仁义之端，是非之涂，樊

然淆乱，吾恶能知其辩！』

国学十三经

国学十三经

卷七

庄子·内篇

啮缺曰：『子不知利害，则至人固不知利害乎？』王倪曰：『至人神矣！大泽焚而不能热，河汉冱而不能寒，疾雷破山而不能伤，飘风振海而不能惊。若然者，乘云气，骑日月，而游乎四海之外。死生无变于己，而况利害之端乎！』

瞿鹊子问乎长梧子曰：『吾闻诸夫子：不违害，不喜求，不缘道；无谓有谓，有谓无谓，而游乎尘垢之外。』夫子以为孟浪之言，而我以为妙道之行也。吾子以为奚若？』

长梧子曰：『是皇帝之所听荧也，而丘也何足以知之！且女亦大早计，见卵而求时夜，见弹而求鸮炙。予尝为女妄言之，女以妄听之，奚？旁日月，挟宇宙，为其吻合，置其滑涽，以隶相尊。众人役役，圣人愚芚，参万岁而一成纯。万物尽然，而以是相蕴。

『予恶乎知说生之非惑邪？予恶乎知恶死之非弱丧而不知归者邪？丽之姬，艾封人之子也。晋国之始得之也，涕泣沾襟。及其至于王所，与王同筐床，食刍豢，而后悔其泣也。予恶乎知夫死者不悔其始之蕲生乎？梦饮酒者，旦而哭泣；梦哭泣者，旦而田猎。方其梦也，不知其梦也。梦之中又占其梦焉，觉而后知其梦也。且有大觉而后知此其大梦也。而愚者自以为觉，窃窃然知之。君乎，牧乎，固哉！丘也与女皆梦也；予谓女梦亦梦也。是其言也，其名为吊诡。万世之后而一遇大圣知其解者，是旦暮遇之也。

『既使我与若辩矣，若胜我，我不若胜，若果是也，我果非也邪？我胜若，若不吾胜，我果是也，而果非也邪？其或是也，其或非也邪？其俱是也，其俱非也邪？我与若不能相知也，则人固受其黮闇，吾谁使正之？使同乎若者正之，既与若同矣，恶能正之！使异乎我与若者正之，既异乎我与若矣，恶能正之！使同乎我者正之，既同乎我矣，恶能正之！使同乎我与若者正之，既同乎我与若矣，恶能正之？然则我与若与人俱不能相知也，而待彼也邪！

『化声之相待，若其不相待。和之以天倪，因之以曼衍，所以穷年也。何谓和之以天倪？』

国学十三经

卷 七　庄子·内篇

与？」

曰：「是不是，然不然。是若果是也，则是之异乎不是也亦无辩；然

若果然也，则然之异乎不然也亦无辩。忘年忘义，振于无竟，故寓诸无竟。」

罔两问景曰：「曩子行，今子止；曩子坐，今子起。何其无特操

与？」

景曰：「吾有待而然者邪！吾所待又有待而然者邪！吾待蛇蚹蜩

翼邪！恶识所以然！恶识所以不然！」

昔者庄周梦为胡蝶，栩栩然胡蝶也，自喻适志与！不知周也。俄然

觉，则蘧蘧然周也。不知周之梦为胡蝶与，胡蝶之梦为周与？周与胡蝶则

必有分矣。此之谓物化。

养生主第三

吾生也有涯，而知也无涯。以有涯随无涯，殆已！已而为知者，殆而

已矣！为善无近名，为恶无近刑。缘督以为经，可以保身，可以全生，可以

养亲，可以尽年。

庖丁为文惠君解牛，手之所触，肩之所倚，足之所履，膝之所踦，砉然响

然，奏刀騞然，莫不中音，合于《桑林》之舞，乃中《经首》之会。

文惠君曰：「嘻，善哉！技盖至此乎？」

庖丁释刀对曰：「臣之所好者道也，进乎技矣。始臣之解牛之时，所

见无非全牛者；三年之后，未尝见全牛也；方今之时，臣以神遇而不以

目视，官知止而神欲行。依乎天理，批大郤，导大窾，因其固然，枝经肯綮之

未尝微碍，而况大軱乎！良庖岁更刀，割也；族庖月更刀，折也；今臣之

刀十九年矣，所解数千牛矣，而刀刃若新发于硎。彼节者有间，而刀刃者无

厚；以无厚入有间，恢恢乎其于游刃必有余地矣。是以十九年而刀刃若

新发于硎。虽然，每至于族，吾见其难为，怵然为戒，视为止，行为迟。动刀

甚微，谋然已解，如土委地。提刀而立，为之四顾，为之踌躇满志，善刀而藏

之。」

文惠君曰：「善哉！吾闻庖丁之言，得养生焉。」

公文轩见右师而惊曰：「是何人也？恶乎介也？天与，其人与？」

曰：「天也，非人也。天之生是使独也，人之貌有与也。以是知其天

也，非人也。

泽雉十步一啄，百步一饮，不蕲畜乎樊中。神虽王，不善也。

老聃死，秦失吊之，三号而出。弟子曰：『非夫子之友邪？』

曰：『然。』

『然则吊焉若此，可乎？』

曰：『然。始也吾以为其人也，而今非也。向吾入而吊焉，有老者哭之如哭其子，少者哭之如哭其母。彼其所以会之，必有不蕲言而言，不蕲哭而哭者。是遁天倍情，忘其所受，古者谓之遁天之刑。适来，夫子时也；适去，夫子顺也。安时而处顺，哀乐不能入也，古者谓是帝之县解。』

指穷于为薪，火传也，不知其尽也。

人间世第四

颜回见仲尼，请行。

曰：『奚之？』

曰：『将之卫。』

曰：『奚为焉？』

曰：『回闻卫君，其年壮，其行独。轻用其国而不见其过；轻用民死，死者以国量乎泽，若蕉，民其无如矣！回尝闻之夫子曰：『治国去之，乱国就之，医门多疾。』愿以所闻思其则，庶几其国有瘳乎！』

仲尼曰：『嘻，若殆往而刑耳！夫道不欲杂，杂则多，多则扰，扰则忧，忧而不救。古之至人，先存诸己而后存诸人。所存于己者未定，何暇至于暴人之所行！

『且若亦知夫德之所荡而知之所为出乎哉？德荡乎名，知出乎争。名也者，相轧也；知也者，争之器也。二者凶器，非所以尽行也。

『且德厚信矼未达人气，名闻不争未达人心。而强以仁义绳墨之言炫暴人之前者，是以人恶有其美也，命之曰灾人。灾人者，人必反灾之，若殆为人灾夫。

『且苟为悦贤而恶不肖，恶用而求有以异？若唯无诏，王公必将乘人而斗其捷。而目将荧之，而色将平之，口将营之，容将形之，心且成之。是

国学十三经

卷七

庄子·内篇

二九八

国学十三经

卷七

庄子·内篇

二九九

以火救火，以水救水，名之曰益多。顺始无穷，若殆以不信厚言，必死于暴

人之前矣！

「且昔者桀杀关龙逢，纣杀王子比干，是皆修其身以下伛拊人之民，以

下拂其上者也，故其君因其修以挤之。是好名者也。

「昔者尧攻丛、枝、胥敖，禹攻有扈，国为虚厉，身为刑戮，其用兵不止，

其求实无已。是皆求名实者也，而独不闻之乎？名实者，圣人之所不能胜

也，而况若乎！虽然，若必有以也，尝以语我来。」

颜回曰：「端而虚，勉而一，则可乎？」

曰：「恶！恶可！夫以阳为充孔扬，采色不定，常人之所不违，因案

人之所感，以求容与其心，名之曰日渐之德不成，而况大德乎！将执而不

化，外合而内不訾，其庸讵可乎！

「然则我内直而外曲，成而上比。内直者，与天为徒。与天为徒者，知

天子之与己，皆天之所子，而独以己言蕲乎而人善之，蕲乎而人不善之邪？

若然者，人谓之童子，是之谓与天为徒。外曲者，与人之为徒也。擎跽曲

拳，人臣之礼也。人皆为之，吾敢不为邪？为人之所为者，人亦无疵焉，是

之谓与人为徒。成而上比者，与古为徒。其言虽教，谪之实也，古之有也，

非吾有也。若然者，虽直而不病，是之谓与古为徒。若是则可乎？」

仲尼曰：「恶！恶可！大多政法而不谍。虽固，亦无罪。虽然，止

是耳矣，夫胡可以及化！犹师心者也。」

颜回曰：「吾无以进矣，敢问其方。」

仲尼曰：「斋，吾将语若。有心而为之，其易邪？易之者，皞天不

宜。」

颜回曰：「回之家贫，唯不饮酒不茹荤者数月矣。如此则可以为斋

乎？」

曰：「是祭祀之斋，非心斋也。」

回曰：「敢问心斋？」

仲尼曰：「若一志，无听之以耳而听之以心；无听之以心而听之以

气。听止于耳，心止于符。气也者，虚而待物者也。唯道集虚。虚者，心斋

国学十三经

卷七　庄子·内篇

三〇〇

事之情而既有阴阳之患矣！事若不成，必有人道之患。是两也，为人臣者

粗而不臧，爨无欲清之人。今吾朝受命而夕饮冰，我其内热与！吾未至乎

成，则必有阴阳之患。若成若不成而后无患者，唯有德者能之。」吾食也执

曰：「凡事若小若大，寡不道以欢成。事若不成，则必有人道之患；事若

将甚敬而不急。匹夫犹未可动，而况诸侯乎！吾甚栗之。子常语诸梁也

叶公子高将使于齐，问于仲尼曰：『王使诸梁也甚重，齐之待使者，盖

之化也，禹、舜之所纽也，伏羲、几蘧之所行终，而况散焉者乎！』

是之谓坐驰。夫徇耳目内通而外于心知，鬼神将来舍，而况人乎！是万物

知者矣，未闻以无知知者也。瞻彼阕者，虚室生白，吉祥止止。夫且不止，

易以伪，为天使难以伪。闻以有翼飞者矣，未闻以无翼飞者也；闻以有知

则止。无门无毒，一宅而寓于不得已则几矣。绝迹易，无行地难。为人使

夫子曰：『尽矣。吾语若：若能入游其樊而无感其名，入则鸣，不入

虚乎？』

颜回曰：『回之未始得使，实自回也；得使之也，未始有回也，可谓

也。

至于悦生而恶死！夫子其行可矣！

之若命，德之至也。为人臣子者，固有所不得已。行事之情而忘其身，何暇

事而安之，忠之盛也；自事其心者，哀乐不易施乎前，知其不可奈何而安

谓大戒。是以夫事其亲者，不择地而安之，孝之至也；夫事其君者，不择

不可解于心；臣之事君，义也，无适而非君也。无所逃于天地之间。是之

仲尼曰：『天下有大戒二：其一命也，其一义也。子之爱亲，命也，

不足以任之，子其有以语我来！』

『丘请复以所闻：凡交近则必相靡以信，远则必忠之以言，言必或传

之。夫传两喜两怒之言，天下之难者也。夫两喜必多溢美之言，两怒必多

溢恶之言。凡溢之类妄，妄则其信之也莫，莫则传言者殃。故《法言》曰：

『传其常情，无传其溢言，则几乎全。』

『且以巧斗力者，始乎阳，常卒乎阴，泰至则多奇巧；以礼饮酒者，始

乎治，常卒乎乱，泰至则多奇乐。凡事亦然，始乎谅，常卒乎鄙；其作始也

国学十三经

孟子·告子篇

国学十三经

卷七

庄子·内篇

三〇一

简，其将毕也必巨。言者，风波也；行者，实丧也。夫风波易以动，实丧易以危。故忿设无由，巧言偏辞。兽死不择音，气息茀然，于是并生心厉。剋核太至，则必有不肖之心应之，而不知其然也。苟为不知其然也，孰知其所终！故《法言》曰：『无迁令，无劝成，过度益也。』迁令劝成殆事，美成在久，恶成不及改，可不慎与！且夫乘物以游心，托不得已以养中，至矣。何作为报也！莫若为致命，此其难者。』

颜阖将傅卫灵公太子，而问于蘧伯玉曰：『有人于此，其德天杀。与之为无方则危吾国，与之为有方则危吾身。其知适足以知人之过，而不知其所以过。若然者，吾奈之何？』

蘧伯玉曰：『善哉问乎！戒之，慎之，正女身也哉！形莫若就，心莫若和。虽然，之二者有患。就不欲入，和不欲出。形就而入，且为颠为灭，为崩为蹶；心和而出，且为声为名，为妖为孽。彼且为婴儿，亦与之为婴儿；彼且为无町畦，亦与之为无町畦；彼且为无崖，亦与之为无崖；达之，入于无疵。

『汝不知夫螳螂乎？怒其臂以当车辙，不知其不胜任也，是其才之美者也。戒之，慎之！积伐而美者以犯之，几矣。

『汝不知夫养虎者乎？不敢以生物与之，为其杀之之怒也；不敢以全物与之，为其决之之怒也。时其饥饱，达其怒心。虎之与人异类，而媚养己者，顺也；故其杀者，逆也。

『夫爱马者，以筐盛矢，以蜃盛溺。适有蚊虻仆缘，而拊之不时，则缺衔、毁首、碎胸。意有所至而爱有所亡。可不慎邪！』

匠石之齐，至于曲辕，见栎社树。其大蔽数千牛，絜之百围，其高临山，十仞而后有枝，其可以为舟者旁十数。观者如市，匠伯不顾，遂行不辍。弟子厌观之，走及匠石，曰：『自吾执斧斤以随夫子，未尝见材如此其美也。先生不肯视，行不辍，何邪？』

曰：『已矣，勿言之矣！散木也。以为舟则沉，以为棺椁则速腐，以为器则速毁，以为门户则液樠，以为柱则蠹，是不材之木也。无所可用，故能若是之寿。』

国学十三经

卷七 庄子·内篇

匠石归，栎社见梦曰：「女将恶乎比予哉？若将比予于文木邪？夫粗梨橘柚，果蓏之属，实熟则剥，剥则辱。大枝折，小枝泄。此以其能苦其生者也。故不终其天年而中道夭，自掊击于世俗者也。物莫不若是。且予求无所可用久矣！几死，乃今得之，为予大用。使予也而有用，且得有此大也邪？且也若与予也皆物也，奈何哉其相物也？而几死之散人，又恶知散木！」

匠石觉而诊其梦。弟子曰：「趣取无用，则为社何邪？」

曰：「密！若无言！彼亦直寄焉！以为不知己者诟厉也。不为社者，且几有翦乎！且也彼其所保与众异，而以义喻之，不亦远乎！

南伯子綦游乎商之丘，见大木焉，有异。结驷千乘，隐将芘其所藾。子綦曰：「此何木也哉？此必有异材夫！」仰而视其细枝，则拳曲而不可以为栋梁；俯而视其大根，则轴解而不可以为棺椁；咶其叶，则口烂而为伤；嗅之，则使人狂醒三日而不已。子綦曰『此果不材之木也，以至于此其大也。嗟乎，神人以此不材。」

宋有荆氏者，宜楸柏桑。其拱把而上者，求狙猴之杙者斩之；三围四围，求高名之丽者斩之；七围八围，贵人富商之家求樿傍者斩之。故未终其天年而中道夭于斧斤，此材之患也。故解之以牛之白颡者、与豚之亢鼻者、与人有痔病者不可以适河。此皆巫祝以知之矣，所以为不祥也。此乃神人之所以为大祥也。

支离疏者，颐隐于齐，肩高于顶，会撮指天，五管在上，两髀为胁。挫针治繲，足以餬口；鼓荚播精，足以食十人。上征武士，则支离攘臂而游于其间；上有大役，则支离以有常疾不受功；上与病者粟，则受三钟与十束薪。夫支离其形者，犹足以养其身，终其天年，又况支离其德者乎！

孔子适楚，楚狂接舆游其门，曰：「凤兮凤兮，何如德之衰也！来世不可待，往世不可追也。天下有道，圣人成焉；天下无道，圣人生焉。方今之时，仅免刑焉！福轻乎羽，莫之知载；祸重乎地，莫之知避。已乎，已乎！临人以德！殆乎，殆乎！画地而趋！迷阳迷阳，无伤吾行！吾行郤曲，无伤吾足！」

山木，自寇也；膏火，自煎也。桂可食，故伐之；漆可用，故割之。人皆知有用之用，而莫知无用之用也。

德充符第五

鲁有兀者王骀，从之游者与仲尼相若。常季问于仲尼曰："王骀，兀者也，从之游者与夫子中分鲁。立不教，坐不议，虚而往，实而归。固有不言之教，无形而心成者邪？是何人也？"

仲尼曰："夫子，圣人也，丘也直后而未往耳。丘将以为师，而况不若丘者乎！奚假鲁国，丘将引天下而与从之。"

常季曰："彼兀者也，而王先生，其与庸亦远矣。若然者，其用心也独若之何？"

仲尼曰："死生亦大矣，而不得与之变；虽天地覆坠，亦将不与之遗；审乎无假而不与物迁，命物之化而守其宗也。"

常季曰："何谓也？"

仲尼曰："自其异者视之，肝胆楚越也；自其同者视之，万物皆一也。夫若然者，且不知耳目之所宜，而游心乎德之和。物视其所一而不见其所丧，视丧其足犹遗土也。"

常季曰："彼为己，以其知得其心，以其心得其常心，物何为最之哉？"

仲尼曰："人莫鉴于流水而鉴于止水，唯止能止众止。受命于地，唯松柏独也正，在冬夏青青；受命于天，唯尧、舜独也正，在万物之首。幸能正生，以正众生。夫保始之徵，不惧之实。勇士一人，雄入于九军。将求名而能自要者而犹若是，而况官天地、府万物、直寓六骸、象耳目、一知之所知而心未尝死者乎！彼且择日而登假，人则从是也。彼且何肯以物为事乎！"

申徒嘉，兀者也，而与郑子产同师于伯昏无人。子产谓申徒嘉曰："我先出则子止，子先出则我止。"其明日，又与合堂同席而坐。子产谓申徒嘉曰："我先出则子止，子先出则我止。今我将出，子可以止乎？其未邪？且子见执政而不违，子

国学十三经

卷 七

庄子·内篇

齐执政乎？」

申徒嘉曰：「先生之门，固有执政焉如此哉？子而说子之执政而后人者也。闻之曰：「鉴明则尘垢不止，止则不明也。久与贤人处则无过。今子之所取大者，先生也，而犹出言若是，不亦过乎！」

子产曰：「子既若是矣，犹与尧争善。计子之德，不足以自反邪？」

申徒嘉曰：「自状其过，以不当亡者众；不状其过，以不当存者寡。知不可奈何而安之若命，唯有德者能之。游于羿之彀中。中央者，中地也；然而不中者，命也。人以其全足笑吾不全足者多矣，我怫然而怒，而适先生之所，则废然而反。不知先生之洗我以善邪？吾与夫子游十九年矣，而未尝知吾兀者也。今子与我游于形骸之内，而子索我于形骸之外，不亦过乎！」

子产蹴然改容更貌曰：「子无乃称！」

鲁有兀者叔山无趾，踵见仲尼。仲尼曰：「子不谨，前既犯患若是矣。虽今来，何及矣！」

无趾曰：「吾唯不知务而轻用吾身，吾是以亡足。今吾来也，犹有尊足者存，吾是以务全之也。夫天无不覆，地无不载，吾以夫子为天地，安知夫子之犹若是也！」

孔子曰：「丘则陋矣！夫子胡不入乎？请讲以所闻。」

无趾出。孔子曰：「弟子勉之！夫无趾，兀者也，犹务学以复补前行之恶，而况全德之人乎！」

无趾语老聃曰：「孔丘之于至人，其未邪？彼何宾宾以学子为？彼且蕲以诡幻怪之名闻，不知至人之以是为己桎梏邪？」

老聃曰：「胡不直使彼以死生为一条，以可不可为一贯者，解其桎梏，其可乎？」

无趾曰：「天刑之，安可解！」

鲁哀公问于仲尼曰：「卫有恶人焉，曰哀骀它。丈夫与之处者，思而不能去也。妇人见之，请于父母曰：『与为人妻，宁为夫子妾』者，十数而未止也。未尝有闻其唱者也，常和人而已矣。无君人之位以济乎人之死，

国学十三经

卷 七

庄子·内篇

三〇五

无聚禄以望人之腹。又以恶骇天下，和而不唱，知不出乎四域，且而雌雄合乎前。是必有异乎人者也。寡人召而观之，果以恶骇天下。与寡人处，不至以月数，而寡人有意乎其为人也；不至乎期年，而寡人信之。国无宰，寡人传国焉。闷然而后应，氾而若辞。寡人丑乎，卒授之国。无几何也，去寡人而行。寡人恤焉若有亡也，若无与乐是国也。是何人者也。』

仲尼曰：『丘也尝使于楚矣，适见独子食于其死母者，少焉眴若，皆弃之而走。不见已焉尔，不得类焉尔。所爱其母者，非爱其形也，爱使其形者也。战而死者，其人之葬也不以翣资；刖者之屦，无为爱之。皆无其本矣。为天子之诸御，不爪翦，不穿耳；取妻者止于外，不得复使。形全犹足以为尔，而况全德之人乎！今哀骀它未言而信，无功而亲，使人授己国唯恐其不受也，是必才全而德不形者也。』

哀公曰：『何谓才全？』

仲尼曰：『死生存亡、穷达贫富、贤与不肖毁誉、饥渴寒暑，是事之变、命之行也。日夜相代乎前，而知不能规乎其始者也。故不足以滑和，不可入于灵府。使之和豫通而不失于兑。使日夜无郤，而与物为春，是接而生时于心者也。是之谓才全。』

『何为德不形？』

曰：『平者，水停之盛也。其可以为法也，内保之而外不荡也。德者，成和之修也。德不形者，物不能离也。』

哀公异日以告闵子曰：『始也吾以南面而君天下，执民之纪而忧其死，吾自以为至通矣。今吾闻至人之言，恐吾无其实，轻用吾身而亡吾国。吾与孔丘，非君臣也，德友而已矣！』

阖跂支离无脣说卫灵公，灵公说之，而视全人，其脰肩肩。甕盎大瘿说齐桓公，桓公说之，而视全人，其脰肩肩。故德有所长而形有所忘。人不忘其所忘，而忘其所不忘，此谓诚忘。

故圣人有所游，而知为孽，约为胶，德为接，工为商。圣人不谋，恶用知？不斫，恶用胶？无丧，恶用德？不货，恶用商？四者，天鬻也。天鬻者，天食也。既受食于天，又恶用人！

国学十三经

卷 七　庄子·内篇　三〇六

有人之形，无人之情。有人之形，故群于人；无人之情，故是非不得于身。眇乎小哉，所以属于人也！謷乎大哉，独成其天。

惠子谓庄子曰：「人故无情乎？」

庄子曰：「然。」

惠子曰：「人而无情，何以谓之人？」

庄子曰：「道与之貌，天与之形，恶得不谓之人？」

惠子曰：「既谓之人，恶得无情？」

庄子曰：「是非吾所谓情也。吾所谓无情者，言人之不以好恶内伤其身，常因自然而不益生也。」

惠子曰：「不益生，何以有其身？」

庄子曰：「道与之貌，天与之形，无以好恶内伤其身。今子外乎子之神，劳乎子之精，倚树而吟，据槁梧而瞑。天选子之形，子以坚白鸣。」

大宗师第六

知天之所为，知人之所为者，至矣。知天之所为者，天而生也；知人之所为者，以其知之所知，以养其知之所不知，终其天年而不中道夭者，是知之盛也。虽然，有患。夫知有所待而后当，其所待者特未定也。庸讵知吾所谓天之非人乎？所谓人之非天乎？

且有真人而后有真知。何谓真人？古之真人，不逆寡，不雄成，不谟士。若然者，过而弗悔，当而不自得也。若然者，登高不慄，入水不濡，入火不热，是知之能登假于道者也若此。

古之真人，其寝不梦，其觉无忧，其食不甘，其息深深。真人之息以踵，众人之息以喉。屈服者，其嗌言若哇。其耆欲深者，其天机浅。

古之真人，不知说生，不知恶死；其出不䜣，其入不距；翛然而往，翛然而来而已矣。不忘其所始，不求其所终；受而喜之，忘而复之。是之谓不以心捐道，不以人助天，是之谓真人。若然者，其心志，其容寂，其颡頯；凄然似秋，暖然似春，喜怒通四时，与物有宜而莫知其极。故圣人之用兵也，亡国而不失人心；利泽施乎万世，不为爱人。故乐通物，非圣人也；有亲，非仁也；天时，非贤也；利害不通，非君子也；行名失己，

国学十三经

卷七 庄子·内篇

非士也，亡身不真，非役人也。

纪他、申徒狄，是役人之役，适人之适，而不自适其适者也。

古之真人，其状义而不朋，若不足而不承；与乎其觚而不坚也，张乎其虚而不华也；邴邴乎其似喜也，崔乎其不得已也，滀乎进我色也，与乎止我德也，广乎其似世也，警乎其未可制也，连乎其似好闭也，悗乎忘其言也。以刑为体，以礼为翼，以知为时，以德为循。以刑为体者，绰乎其杀也；以礼为翼者，所以行于世也；以知为时者，不得已于事也；以德为循者，言其与有足者至于丘也，而人真以为勤行者也。故其好之也一，其弗好之也一。其一也一，其不一也一。其一与天为徒，其不一与人为徒。天与人不相胜也，是之谓真人。

死生，命也；其有夜旦之常，天也。人之有所不得与，皆物之情也。彼特以天为父，而身犹爱之，而况其卓乎！人特以有君为愈乎己，而身犹死之，而况其真乎！

泉涸，鱼相与处于陆，相呴以湿，相濡以沫，不如相忘于江湖。与其誉尧而非桀也，不如两忘而化其道。

夫大块载我以形，劳我以生，佚我以老，息我以死。故善吾生者，乃所以善吾死也。

夫藏舟于壑，藏山于泽，谓之固矣。然而夜半有力者负之而走，昧者不知也。藏小大有宜，犹有所遁。若夫藏天下于天下而不得所遁，是恒物之大情也。特犯人之形而犹喜之。若人之形者，万化而未始有极也，其为乐可胜计邪！故圣人将游于物之所不得遁而皆存。善妖善老，善始善终，人犹效之，又况万物之所系，而一化之所待乎！

夫道，有情有信，无为无形；可传而不可受，可得而不可见；自本自根，未有天地，自古以固存；神鬼神帝，生天生地；在太极之上而不为高，在六极之下而不为深；先天地生而不为久，长于上古而不为老。豨韦氏得之，以挈天地；伏戏氏得之，以袭气母；维斗得之，终古不忒；日月得之，终古不息；堪坏得之，以袭昆仑；冯夷得之，以游大川；肩吾得之，以处大山；黄帝得之，以登云天；颛顼得之，以处玄宫；禺强得之，立乎北极；西王母得之，坐乎少广，莫知其始，莫知其终；彭祖得之，

国学十三经

卷 七
庄子·内篇

三〇八

比于列星。

上及有虞，下及五伯，傅说得之，以相武丁，奄有天下，乘东维、骑箕尾，而

南伯子葵问乎女偊曰：「子之年长矣，而色若孺子，何也？」

曰：「吾闻道矣。」

南伯子葵曰：「道可得学邪？」

曰：「恶！恶可！子非其人也。夫卜梁倚有圣人之才而无圣人之

道，我有圣人之道而无圣人之才，吾欲以教之，庶几其果为圣人乎！不

然，以圣人之道告圣人之才，亦易矣。吾犹守而告之，三日而后能外天下；

已外天下矣，吾又守之，七日而后能外物；已外物矣，吾又守之，九日而后

能外生；已外生矣，而后能朝彻；朝彻，而后能见独；见独，而后能无

古今；无古今而后能入于不死不生。杀生者不死，生生者不生。其为物，

无不将也，无不迎也，无不毁也，无不成也。其名为撄宁。撄宁也者，撄而

后成者也。」

南伯子葵曰：「子独恶乎闻之？」

曰：「闻诸副墨之子，副墨之子闻诸洛诵之孙，洛诵之孙闻之瞻明，瞻

明闻之聂许，聂许闻之需役，需役闻之于讴，于讴闻之玄冥，玄冥闻之参寥，

参寥闻之疑始。」

子祀、子舆、子犁、子来四人相与语曰：「孰能以无为首，以生为脊，以

死为尻，孰知死生存亡之一体者，吾与之友矣。」四人相视而笑，莫逆于心，

遂相与为友。

俄而子舆有病，子祀往问之。曰：「伟哉！夫造物者将以予为此拘拘

也！曲偻发背，上有五管，颐隐于齐，肩高于顶，句赘指天。阴阳之气有

沴，其心闲而无事，胼蹒而鉴于井，曰：「嗟乎！夫造物者又将以予为此

拘拘也！」

子祀曰：「女恶之乎？」

曰：「亡，予何恶！浸假而化予之左臂以为鸡，予因以求时夜；浸

假而化予之右臂以为弹，予因以求鸮炙；浸假而化予之尻以为轮，以神为

马，予因以乘之，岂更驾哉！且夫得者，时也，失者，顺也。安时而处顺，

国学十三经

卷 七　庄子·内篇

哀乐不能入也，此古之所谓县解也。而不能自解者，物有结之。且夫物不

胜天久矣，吾又何恶焉！」

俄而子来有病，喘喘然将死。其妻子环而泣之。子犁往问之，曰：

「叱！避！无怛化！」倚其户与之语曰：「伟哉造化！又将奚以汝为？

将奚以汝适？以汝为鼠肝乎？以汝为虫臂乎？」

子来曰：「父母于子，东西南北，唯命之从。阴阳于人，不翅于父母；

彼近吾死而我不听，我则悍矣，彼何罪焉！夫大块载我以形，劳我以生，佚

我以老，息我以死。故善吾生者，乃所以善吾死也。今大冶铸金，金踊跃

曰：「我且必为镆铘！」大冶必以为不祥之金。今一犯人之形，而曰：

「人耳！人耳！」夫造化者必以为不祥之人。今一以天地为大炉，以造化

为大冶，恶乎往而不可哉！」成然寐，蘧然觉。

子桑户、孟子反、子琴张三人相与友曰：「孰能相与于无相与，相为于

无相为？孰能登天游雾，挠挑无极，相忘以生，无所终穷？」三人相视而

笑，莫逆于心，遂相与为友。

莫然有间，而子桑户死，未葬。孔子闻之，使子贡往侍事焉。或编曲，

或鼓琴，相和而歌曰：「嗟来桑户乎！嗟来桑户乎！而已反其真，而我

犹为人猗！」

二人相视而笑曰：「是恶知礼意！」

子贡趋而进曰：「敢问临尸而歌，礼乎？」

而歌，颜色不变，无以命之。彼何人者邪？」

子贡反，以告孔子，曰：「彼何人者邪？修行无有，而外其形骸，临尸

孔子曰：「彼游方之外者也，而丘，游方之内者也。外内不相及，而丘

使女往吊之，丘则陋矣！彼方且与造物者为人，而游乎天地之一气。彼以

生为附赘县疣，以死为决疣溃痈。夫若然者，又恶知死生先后之所在！假

于异物，托于同体；忘其肝胆，遗其耳目；反复终始，不知端倪；芒然

仿徨乎尘垢之外，逍遥乎无为之业。彼又恶能愦愦然为世俗之礼，以观众

人之耳目哉！」

子贡曰：「然则夫子何方之依？」

孔子曰：「丘，天之戮民也。虽然，吾与汝共之。」

子贡曰：「敢问其方？」

孔子曰：「鱼相造乎水，人相造乎道。相造乎水者，穿池而养给；相造乎道者，无事而生定。故曰：鱼相忘乎江湖，人相忘乎道术。」

子贡曰：「敢问畸人？」

曰：「畸人者，畸于人而侔于天。故曰：天之小人，人之君子；天之君子，人之小人也。」

国学十三经

卷 七
庄子·内篇

三一〇

颜回问仲尼曰：「孟孙才，其母死，哭泣无涕，中心不戚，居丧不哀。无是三者，以善处丧盖鲁国，固有无其实而得其名者乎？回壹怪之。」

仲尼曰：「夫孟孙氏尽之矣，进于知矣，唯简之而不得，夫已有所简矣。孟孙氏不知所以生，不知所以死；不知就先，不知就后。若化为物，以待其所不知之化已乎。且方将化，恶知不化哉？方将不化，恶知已化哉？吾特与汝，其梦未始觉者邪！且彼有骇形而无损心，有旦宅而无情死。孟孙氏特觉，人哭亦哭，是自其所以乃。且也相与吾之耳矣，庸讵知吾所谓吾之非吾乎？且汝梦为鸟而厉乎天，梦为鱼而没于渊。不识今之言者，其觉者乎？其梦者乎？造适不及笑，献笑不及排，安排而去化，乃入于寥天一。」

意而子见许由。许由曰：「尧何以资汝？」

意而子曰：「尧谓我：『汝必躬服仁义而明言是非。』」

许由曰：「而奚来为轵？夫尧既已黥汝以仁义，而劓汝以是非矣，汝将何以游夫遥荡恣睢转徙之涂乎？」

意而子曰：「虽然，吾愿游于其藩。」

许由曰：「不然。夫盲者无以与乎眉目颜色之好，瞽者无以与乎青黄黼黻之观。」

意而子曰：「夫无庄之失其美，据梁之失其力，黄帝之亡其知，皆在炉捶之间耳。庸讵知夫造物者之不息我黥而补我劓，使我乘成以随先生邪？」

许由曰：「噫！未可知也。我为汝言其大略。吾师乎！吾师乎！

鳌万物而不为义，泽及万世而不为仁，长于上古而不为老，覆载天地、刻雕众形而不为巧。此所游已！

颜回曰：『回益矣。』
仲尼曰：『何谓也？』
曰：『回忘仁义矣！』
曰：『可矣，犹未也。』
他日，复见，曰：『回益矣！』
曰：『何谓也？』
曰：『回忘礼乐矣。』
曰：『可矣，犹未也。』
他日，复见，曰：『回益矣！』
曰：『何谓也？』
曰：『回坐忘矣。』
仲尼蹴然曰：『何谓坐忘？』

国学十三经

卷 七

庄子·内篇

颜回曰：『堕肢体，黜聪明，离形去知，同于大通，此谓坐忘。』
仲尼曰：『同则无好也，化则无常也。而果其贤乎！丘也请从而后也。』

子舆与子桑友，而霖雨十日。子舆曰：『子桑殆病矣！』裹饭而往食之。至子桑之门，则若歌若哭，鼓琴曰：『父邪！母邪！天乎！人乎！』有不任其声而趋举其诗焉。
子舆入，曰：『子之歌诗，何故若是？』
曰：『吾思夫使我至此极者而弗得也。父母岂欲吾贫哉？天无私覆，地无私载，天地岂私贫我哉？求其为之者而不得也。然而至此极者，命也夫！』

应帝王第七

啮缺问于王倪，四问而四不知。啮缺因跃而大喜，行以告蒲衣子。蒲衣子曰：『而乃今知之乎？有虞氏不及泰氏。有虞氏，其犹藏仁以要人，亦得人矣，而未始出于非人。泰氏，其卧徐徐，其觉于于。一以己为马，一

国学十三经 庄子·内篇 卷七

又奚卵焉？而以道与世亢，必信，夫故使人得而相女。尝试与来，以予示之。」

明日，列子与之见壶子。出而谓列子曰：「嘻！子之先生死矣！弗活矣！不以旬数矣！吾见怪焉，见湿灰焉。」

列子入，泣涕沾襟以告壶子。壶子曰：「乡吾示之以地文，萌乎不震不止，是殆见吾杜德机也。尝又与来。」

明日，又与之见壶子。出而谓列子曰：「幸矣子之先生遇我也！有瘳矣，全然有生矣！吾见其杜权矣。」

列子入，以告壶子。壶子曰：「乡吾示之以天壤，名实不入，而机发于踵。是殆见吾善者机也。尝又与来。」

明日，又与之见壶子。出而谓列子曰：「子之先生不齐，吾无得而相焉。试齐，且复相之。」

列子入，以告壶子。壶子曰：「吾乡示之以太冲莫胜。是殆见吾衡气机也。

以己为牛。其知情信，其德甚真，而未始入于非人。

肩吾见狂接舆。狂接舆曰：「日中始何以语女？」

肩吾曰：「告我君人者以己出经式义度，人孰敢不听而化诸！」

狂接舆曰：「是欺德也。其于治天下也，犹涉海凿河而使蚊负山也。夫圣人之治也，治外乎？正而后行，确乎能其事者而已矣。且鸟高飞以避矰弋之害，鼷鼠深穴乎神丘之下以避熏凿之患，而曾二虫之无知？」

天根游于殷阳，至蓼水之上，适遭无名人而问焉，曰：「请问为天下。」